I0449136

# Anima-mente
# Il libro che parla di Te
# di
# Igienista Mentale

# Prefazione

Salve, qualcuno mi conosce come Igienista Mentale per via dei video che propongo sul web.

Mi chiamo Pino, sono nato in Basilicata a Policoro (MT) , una terra alquanto sconosciuta, un crocevia che permette la comunicazione con il profondo sud e il resto d'Italia. In antichità fu una colonia greca, precisamente la Siritide , con l'antica città di Siris risalente al 675 a.c .

Il libro che ho scritto nasce dal desiderio di condividere con tutti Voi la mia esperienza , in cui mi sto cimentando nella Conoscenza della mia Anima o dell'Essere.

Lo scopo del libro non è assolutamente di costituire una guida, ma bensì di invitare ognuno di Voi a creare la sua guida, uno stimolo, un incentivo, niente di più.

Quando s'intraprende un percorso di consapevolezza, si è coscienti che non si può sostituire il proprio percorso a

quello degli altri, ma si possono dare delle indicazioni per poterlo effettuare. La spiritualità non la si può insegnare ma bisogna viverla entrando dentro di Sè. La spiritualità è la
Vita stessa.
Ed è proprio questo che farete con la lettura di questo libro : " imparare da Voi a leggere se stessi ", a connettervi con la parte più profonda di Voi,che non aspetta altro."

# Presentazione

Sin da bambino ho avuto sempre l'indole di aiutare i bisognosi, un bisogno intrinseco nel mettere a disposizione la mia Esistenza per il prossimo, per realizzare la parte più profonda di Me.

Il mio desiderio è sempre stato di essere utile alla mia stessa esistenza, darle un senso.

Spesso ho chiesto a  Papà-Mamma del Tutto di rendermi utile nella mia esistenza per il prossimo, con la speranza di esserne degno. Molte volte ho desiderato ardentemente di non esistere, di essere il nulla... ora capisco, era il desiderio di ritornare a casa. Crescendo, il senso della mia vita è rimasto sempre tale, ma opacizzato e offuscato dal modo in cui hanno immesso in Noi miriadi di schemi. Siamo intrisi di schermature che prendono piede sin dall'infanzia e aumentano in progressione con la nostra età.

**Tutto è regola** :"da quando si mettono i piedi a terra al mattino a quando ci si va a coricare, per poi ripetere ciclicamente i passi della propria Esistenza ".

Sono stato sempre refrattario alle regole, agli schemi, alle imposizioni, alle legge dell'uomo, vivendo la mia Vita in contrapposizione e controcorrente alla massa.

L'anarchia è la via della consapevolezza, del proprio cammino e fisico e spirituale, poiché induce a seguire Te stesso , le proprie intuizioni, percezioni, fidarsi di se stessi senza tener conto dell'esito raggiunto.

Positivo, negativo, non importa... quello che conta è seguire se stessi, fuori dagli schemi, dalle regole inflitte e perpetuate nel corso dei secoli dall'uomo sul uomo. Un cercare di uniformare e plasmare come soldatini di piombo le masse, con a capo i capostipiti che controllano l'umanità.

Sì, parliamo del solito potere che perdura da millenni : **Il denaro**, il mezzo attraverso il quale si può decidere la sorte di un uomo, di un paese, di una nazione, tutto circola e si muove attraverso il denaro.

L'uomo dipende da esso, attribuendo a dei fogli di carta il motivo della propria esistenza, perdendo di vista la sua Essenza Divina, la sua vera origine, vivendo la propria Vita in funzione del denaro.

Se solo ci soffermassimo a pensare : *" siam venuti al mondo a mani vuote e andremo via a mani vuote..."*

La materia è importante per la nostra Anima, è per mezzo di essa che abbiamo l'opportunità di trascendere il piano materiale, è il nostro contenitore, il nostro Sacro Tempio dove vive qualcosa di Altamente Sacro: **L'Anima,** dimenticata, tralasciata, non curata, alla quale non si presta attenzione. Siamo stati purtroppo abituati ad associare **alla materia il materialismo,** di cui siamo prigionieri e al contempo carcerieri.

**Siamo come uccelli chiusi in gabbia, ci lamentiamo ma ci accovacciamo nell'alcova.**

L'uomo è come un uccello in gabbia, crede che nella gabbia trovi la sua felicità.

Le sbarre della gabbia in cui viviamo sono un frutto stesso dell'uomo, costruite nell'arco dei secoli con le religioni, l'etica , la morale, gli usi, i costumi , tante gabbie separate tra loro.

L'unica via che l'uomo ha per uscire fuori dalla gabbia, è abbattere ogni singola sbarra che corrisponde ad una sua creazione, innestatasi su se stesso.

Quando si esce dalla propria gabbia, il primo impatto è **disorientamento e insicurezza,** per via delle catene che hanno costituito la nostra esistenza.

Siamo stati abituati a crescere in cattività dietro le sbarre, ma dobbiamo riappropriarci della Nostra Vera Essenza.

**Siamo qui sul piano fisico per sperimentare e non per essere sperimentati.**

# La programmazione mentale

La Mente è l'elemento imprenscindibile per la nostra Natura e per la nostra esistenza, ma è stata profanata nel corso dei secoli con importazioni e immissioni di dati, imposti per eludere il vero potere della Mente.

La Mente è l'elaboratore dati della nostra esistenza, ove è situata la memoria ossia l'hard disk. Allo stesso modo di come è strutturato un computer, bisogna immettere dei programmi per farla funzionare.

La mente è piena di programmi inculcati sin dalla tenera età, programmi forniti per gentil concessione di altri uomini che si sono preoccupati di studiare meticolosamente i programmi.

"La programmazione mentale è il controllo delle menti", in termini pratici parliamo di religioni, etica, morale, di culture, usi, costumi e quant'altro possa essere motivo di divisione e disuguaglianza.

Come si suol dire, due mentalità diverse sono soggette a instaurare una discussione, dove ognuno ragiona e agisce in base al suo programma strutturato sin dalla sua origine.

Potete dedurre che per quanto ci si possa sforzare di trovare un accordo o essere in sintonia, prima o poi si incappa nel programma di dotazione, e naturalmente ognuno ragiona e interagisce col suo di programma.

Persino tra genitori subentra il conflitto per educare la propria prole perché ognuno cercherà di trasmettere l'educazione, a sua volta ricevuta dai propri genitori.

I contrasti saranno inevitabili, le ideologie sono forme di pensiero in cui l'individuo si identifica. Più individui si identificano nello stesso pensiero e maggiore è la probabilità di creare un gruppo, una comunità.

Facciamo un esempio : Dio è nell'Universo? Ma in realtà può essere dappertutto, anche in un sasso, in primo luogo possiamo analizzare che l'uomo ha avuto l'esigenza di porre Dio in cielo. Infatti le più svariate popolazioni sul pianeta per adorare, pregare Dio o divinità, alzano gli occhi verso il cielo, perché ? Evidentemente dal cielo avranno visto qualcosa. Se lo sguardo delle popolazioni in adorazione o preghiera fosse rivolto verso il suolo, si evincerebbe che dalla Terra avrebbero visto qualcosa.

Nella preghiera del Padre Nostro si recita " Padre nostro che sei nei cieli " lo stesso Gesù afferma :" Non sono di questo mondo " in netto contrasto con il V Vangelo di Tommaso in cui dice : " il Regno dei Cieli è dentro di Voi".

Cosa significa dirigere il proprio sguardo verso il cielo ? Non vi dirò la mia deduzione ma piuttosto lascio trarre a voi la vostra conclusione,

Le religioni hanno tutte la stessa funzione di adorare qualcosa all'esterno di noi. Esistono oltre 30.000 religioni

tra cui dottrine, scuole filosofiche, sette, culti tribali, credenze... ma citiamo quella più diffusa. la religione cristiana che a sua volta si divide in :
<u>cattolica,protestante, anglicana, ortodossa, nestoriana,neofisita,mormoni, testimoni di geova,</u> ed altro ancora.Come mai queste divisioni all'interno di una stessa religione? Dio è un monopolio che ogni corrente si vuole accaparrare...o sono dei semplici programmi mentali simili, ma differenti ?

La religione è un potente programma mentale che non ha fatto altro che corroborare le menti e abiurare le proprie facoltà mentali. Tra l'altro il credo delle religioni è fondato sui misteri della fede: ossia devi credere senza chiederti nulla, perché un uomo non potrebbe mai capire i misteri divini, ma deve solo attenersi a quanto tramandato attraverso i testi sacri. Come non rendersi conto di un vero e potente controllo mentale, la fede dovrebbe essere concreta e non un mistero.

Abbiamo citato le religioni, ma i controlli sono innumerevoli e di diversa natura, la libertà dell'individuo viene incisa e recisa da schemi che non tardano ad essere presenti sin da bambini, tutto ruota nell'asse circolare del programma mentale.

La prospezione è un'indagine del sottosuolo per verificare quanto ivi contenuto. L'uomo con il controllo mentale non è capace di effettuare una propria prospezione, per tentare di capire di cosa è costituito il suo Essere, e tanto meno è interessato a farlo, per via dei programmi mentali che denigrano la sua vera natura.

Viviamo in tante bolle o scatole, o se volete ancora più chiara l'idea, in "recinti", proprio come l'Eden descritto nella Genesi, un recinto in cui si crede di essere e avere la felicità, chi bada al recinto con il suo contenuto se non un pastore con i suoi collaboratori, cani e mandriani?

Quando non si è cinici o disincantati, ossia non ci si rende conto delle illusioni dell'umanità, si ride di se stessi senza esserne coscienti.Osservando un gregge di pecore in un ovile si penserà: "che vita"!... O portando il proprio bambino allo zoo, a vedere anima-li chiusi in gabbia, abbiamo delle realtà dinanzi ai nostri occhi, ma non ci rendiamo conto che svolgiamo la stessa vita degli anima-li chiusi nei recinti e in gabbia.

L'illusione consiste nella libertà che abbiamo di muoverci,pensare, agire, a differenza degli anima-li ma siamo molto più in gabbia degli anima-li stessi, tornando sempre all'ovile e asserviti ai pastori e mandriani o dicasi governi, banche e potere mondiale.

Com' è possibile che un uomo che vive nella sua adorata gabbia si tolga la vita? La gabbia, in questo caso il materialismo, diventa di gran lunga più importante di chi ne usufruisce, con conseguente risultato che il materialismo resta attivo o inerte e l'usufruttuario scompare.

Tutto ciò avviene grazie ai programmi mentali. Non sarebbe più saggio abbandonare, rinunciare a qualche bene materiale, preservando la propria esistenza e prendendo coscienza che non dipendiamo dai beni materiali, i quali se non mantenuti portano alla deprecabile azione di togliersi la vita!

Questo accade perché viviamo prettamente nel materialismo, identificandoci e associando erroneamente il materialismo alla materia di cui siamo composti.

La materia, per chi non lo sapesse, è costituita da energia condensata, un esempio eclatante è la bomba atomica. Dall'atomo si giunge alle particelle subatomiche, si prosegue con i pacchetti di energia per giungere alle superstringhe vibranti. Tutto nell'Universo è costituito da Energia vibratoria.

Notate l'associazione fuori luogo che è stata fatta nei secoli tra materia e materialismo ? E che esiste ancora tutt'oggi?

Disponiamo di tanta energia ma non la utilizziamo. Sempre per via della programmazione mentale siamo stati indotti a credere che dobbiamo nutrirci, alimentandoci di pasta, uova, carne, pesce, verdure, frutta, latte. Vogliamo parlare della carne, dell'apporto proteico? " Cosa mangia una mucca per sostenere la sua massa muscolare ? " Di certo non bistecche ma erba, se confrontassimo un tessuto muscolare umano ,con quello di una mucca, non troveremmo differenze, quindi mangiamo un nostro simile. Ci hanno fatto credere che per aver un apporto proteico occorra cibarsi di anima-li. Tornando alla nostra composizione energetica, eludiamo la stessa e celiamo la nostra potenzialità di essere autosufficienti, di provvedere all'auto-sostentamento. Potremmo nutrirci di prana, di luce ma per farlo occorre una Grande e piena Consapevolezza di Sé, cosa  alquanto difficile visto le innumerevoli programmazioni di cui siamo intrisi a livello genetico, culturale e psicologico.

Bisognerebbe smantellare e riprogrammare la Mente, siamo il risultato di schemi mentali che soffocano le nostre potenzialità,

ostacolando ognuno di noi nell'incontrare l'Essere Divino interiore. Altra programmazione mentale, fraudolenta e lercia, è il **lavoro** azione svolta a un prestazione fisica di buona parte della propria esistenza , in cambio di denaro, una schiavitù ormai passata inosservata, anzi resa un diritto. Infatti per uccidere un uomo, è sufficiente togliergli il lavoro, capite il paradosso? **Senza lavoro sei libero di non essere schiavo**, vivendo di briciole,  pagando tasse, tributi, di buttare 41 anni della propria vita dentro una fabbrica, lavorando 8 ore al giorno. Poniamo una media di 22 giorni lavorativi al mese, per 8 ore otteniamo 176 ore, ossia 7 giorni al mese. Moltiplicando sette giorni al mese per 11 mesi ( un mese non lo contiamo per le festività varie) giungiamo a 77 giorni in un anno. Moltiplicando 77 giorni per 41 anni, abbiamo 3157 giorni che tradotti in anni equivalgono a 8 anni.
Otto anni  letteralmente buttati della propria esistenza.

Lo scopo del lavoro non è tanto il profitto da parte di chi esercita l'offerta, e mi rivolgo alle multinazionali, banche mondiali e una manciata di intoccabili, che detengono tanto denaro e ricchezze da non importargli nulla se una multinazionale fallisce, ma il vero obiettivo è il Potere.

Il Potere di controllare il Pianeta come in un video game, decidendo come e quando apportare le loro strategie, come la crisi bancaria attuata in questi anni. Altro scopo del lavoro che passa inosservato è il togliere tempo a se stessi , con le relative conseguenze che scaturiscono dal lavoro: scadenze, mutui, assicurazioni, bollette, in definitiva essere immersi e sommersi nell'ansia di non riuscire a far fronte a tutte le spese.

Sottrarre tempo da dedicare a se stessi conduce ad una letargia spirituale, lasciando nell'ignoranza più totale l'aspirazione di effettuare una introspezione, vale a dire la **ricerca interiore.**

Palesemente qualcuno si chiederà: "come è possibile vivere senza lavoro ?" **Ma nessuno si porrà la domanda di come poter fare a meno del lavoro!** Sin dalla scuola insegnano ad essere degli *specialisti* e non delle *menti brillanti*. Tutti cercano di trovare il lavoro che garantisca il proprio tenore di vita.

Come spesso accade, in pochi riescono nell'intento, e la maggioranza si ritrova con un diploma o una laurea addirittura senza occupazione. I più tenaci riescono ad abbattere il proprio orgoglio e si riversano su qualsiasi mansione che gli venga offerta, pur di garantirsi un sostentamento e far parte del circuito del lavoro....anche se parlare di lavoro ai nostri giorni sembra una chimera.

La scuola, per quanto possa essere considerata una fonte di formazione, rimane pur sempre una **potente** forma di controllo che rientra nei parametri della programmazione mentale.

Lo scopo del lavoro è tenere l'individuo incatenato al materialismo. privandolo di poter recidere la sua vita dal materialismo stesso ed effettuare un proprio percorso di consapevolezza.

Se l'uomo acquisisse consapevolezza del Sè, non sarebbe più soggiogato dai programmi mentali e diverrebbe un Essere libero. L'unico antivirus per debellare le programmazioni mentali è la consapevolezza del Sè.

Del resto. l'uomo percepisce tutto attorno a sé attraverso una mente selettiva e associativa, sistematicamente associando tutto ciò che la mente visiva riesce a elaborare.

Se ora vi dicessi di immaginare un limone, di prendere un coltello e dividerlo a metà, probabilmente comincereste già a secernere saliva per l'effetto del limone, che riporta nelle vostre menti, il ricordo del contatto con le vostre papille gustative...e ho detto di immaginare solo di tagliarlo , non di gustarlo.

Questo dimostra che la nostra mente associa la funzione di un oggetto, alimento, emozione o qualsiasi altra cosa, mediante l'esperienza effettuata attraverso i cinque sensi.

L'associazione avviene per presupposizione, dove all'origine troviamo la memoria di un'azione realmente compiuta, di una esperienza accaduta.

La Mente è un organo sensoriale molto potente, è proprio per via delle sue potenzialità che sono state introdotte le programmazioni mentali. Un uccello libero che svolazza nei cieli è padrone della sua Vita, gestisce la sua esistenza. Le gabbie mentali sono il mezzo per controllare l'uomo, portandolo a relazionarsi con parametri preimpostati e standardizzati, che non fanno altro che delimitare la zona invalicabile della potenzialità della Mente.

Un'azione studiata in modo meticoloso e accurato.

per le masse, è stabilire il modo di pensare strutturato su programmazioni mentali che inibiscono la Coscienza, ossia dipendere dal controllo mentale, cancellando dalle Menti stesse l'azione di desumere dalla propria Fonte.Il potere per sé non produce nulla , il potere deve essere esercitato sugli altri per produrre i propri effetti, che siano: gratificazione, soddisfazione, guadagno,godimento,appagamento,piac ere mirato alla superiorità, all'azione di imporre e decidere delle sorti altrui.

Un piacere subdolo e anomalo, secondo una visione razionale che paradossalmente deriva da una programmazione mentale composta da regole, etica, morale, ma coloro che le hanno imposte fanno esattamente il contrario, innescando di proposito situazioni che fanno sì che il programma mentale agisca.

Elargire programmi mentali è stata una strategia pianificatoria per instaurare il controllo delle masse e tenere sottomesso il pianeta alle proprie volontà.

Sminuire e tarare le intelligenze, la Coscienza, è un atto davvero insulso nell'inibire e ostacolare la parte più profonda che è dentro di noi : **l'Anima.**

L' inavvertibile di ciò che accade attorno a noi è presumibile, ma non riusciamo a rilevarlo perché si presenta impercettibile per le nostre funzioni sensoriali, desolatamente messe fuori uso: **ghiandola pineale.**

Per porre le basi di un percorso di consapevolezza  si necessita di una decementificazione strutturale mentale. Deve avvenire un terremoto interiore del più alto grado distruttivo, per poi buttar via le macerie e ricostruire il proprio Essere.

Liberarsi da tutti gli schemi e schermature mentali, abbattere tutto ciò che è stato inserito nelle nostre menti.Solo in questo modo potremo avere libero accesso nella parte più profonda di Noi, senza ostacoli che ostracizzino le nostre intenzioni nella ricerca interiore.

I pensieri dovrebbero agire, naturalmente ponderati. Dico sempre che *bisogna fare del cuore il proprio pensiero e del pensiero il proprio cuor*e . Il cuore agisce, la parola coraggio deriva da cuore, agire con il cuore.

Una tipica situazione esemplare è quando si è innamorati, si perde il barlume della ragione, *non c'è ragion*

*che tenga o persuasione esistente che*
*possa tenere a bada un cuore intrepido.*
Tutto agisce nell'indisturbata azione
destabilizzante del pensiero.
Se notate, quando si è innamorati,
viviamo in uno stato sublime di grazia
assoluta, niente e nessuno può
ostacolarci.
Ci sentiamo i padroni del Mondo, i
creatori della nostra Vita, ed è proprio in
questo frangente che applichiamo **"il
segreto dell'esistenza"**.
E parliamo solo di amore inteso come
sentimento...
Se si avesse la costanza e la perseveranza
di amare sempre tutto e tutti, si vivrebbe
in uno stadio dimensionale altamente
vibratorio, il che comporterebbe
l'immediato materializzarsi del proprio
pensiero o intento, producendo i
cosiddetti miracoli.
L'amore è una frequenza altissima, e
siccome siamo composti da energia, lo
spirito convoglia e sovrasta l'energia
solida : la materia, questo conglomerato,
addensato stato di particelle di energia.

Per questa motivazione, seppur comune, in tutte le religioni, dottrine, correnti filosofiche, si cita sempre l'Amore.
Le religioni delegano la propria esistenza a qualcosa di esterno, al di fuori di sé, a un Dio esteriore.
La grande forza dell'Amore è in grado di fare e disfare la materia.Vivendo nell'Amore si scopre di essere parte di Dio, Dio è in me ed io in Dio.
Dio scompare quando entrano in gioco la ragione, gli schemi e i programmi mentali coadiuvati dal pensiero.
L'intelligenza e amore divino ha posto nella materia e natura dei "segni" , su cui possiamo orientarci. Se solo avessimo spirito di osservazione, riusciremmo a capirli, per divenire il risultato del percorso indicato dal segno.
Il sole irradia, riscalda, nutre con Amore da milioni di anni , senza tener conto della differenza di pelle, di cultura, di religioni, dei buoni, dei cattivi, queste sono solo prerogative umane.
Un albero di arance crea i suoi frutti non per vanto, ma per donare la vita, il Bios , la propria esistenza all'uomo.

Osservate, deducendo che i "segni" non ragionano ma amano, il loro compito è donarsi indifferentemente da come vengono trattati.

L'amore è insito e nella loro natura non esiste il pensiero o l'esitazione.

L'uomo è un capolavoro d'ingegneria. Pensate quanti milioni di cellule compongono il nostro corpo, ed ogni cellula ha il suo compito, per far funzionare i vari organi, per il sistema linfatico, neurale, e altro ancora. Siamo così complessi e superficialmente conoscenti di come siamo costituiti. Nonostante l'ignoranza e la magnificenza del nostro corpo, siamo soggetti a pensare. Il pensiero proviene dalla mente, che si potrebbe paragonare a una grande centrale elettrica, composta da matasse disposte alla rinfusa di circuiti elettrici.

E' frequente sentire che dal silenzio si scatenò il caos, ed è esattamente quello che abbiamo nelle nostre menti : il caos. Dal caos dobbiamo tornare al silenzio per trovare la nostra essenza, ma risulta difficoltoso per il modo in cui la mente è stata plasmata ed imbottita.

Hanno studiato nei secoli il modo in cui la nostra mente e il suo frutto " pensiero " dovessero manifestarsi, comportarsi, interagire.

Voglio citare un passo del Vangelo gnostico di Filippo : " *Non è possibile che uno veda qualcuna delle realtà autentiche, a meno che non diventi come esse. La Verità non è come per l'uomo nel mondo: egli vede il sole, ma non è il sole, e vede il cielo e la terra e tutte le altre cose, ma non sono per nulla quelli autentici.*

*Ma tu hai visto qualcuna delle cose del Luogo e sei divenuto di quelle. Tu hai visto lo Spirito e sei diventato Spirito. Tu hai visto Cristo e sei diventato Cristo. Tu hai visto il Padre e diventerai il Padre. Per questo, ora, tu vedi ogni cosa e non vedi te stesso. Ma ti vedrai nel Luogo, perché quello che tu vedi, lo diventerai.*"

Questo passo non ha bisogno di ulteriori spiegazioni, parla chiaro, tutto ciò che vediamo è una mera illusione, una distorsione del reale.

Alcuni potranno rimanere alquanto sbigottiti dinanzi ai concetti esposti da Filippo, e direbbero che sono gli stessi esposti dalla fisica quantistica o dalla New Age... in effetti in epoche diverse si espone lo stesso concetto.

Dunque tornando ai pensieri, abbiamo una visione distorta della realtà, per via dei programmi mentali che inducono a determinare la nostra visione.

Una delle più potenti forme di persuasione e controllo mentale è senza dubbio la religione.

Il Dio biblico è fasullo, è solo uno dei tanti Elohim ( אֱלוֹהִים ,אלהים ) il suo nome è YHWH, poi diventato foneticamente Yahweh o Yahveh.

Questo Dio si ritiene il *Dio degli ebrei* e non il Dio Universale o della Terra. Nonostante la evidente connotazione di essere il *Dio degli ebrei*, il suo popolo eletto-un popolo scelto a discapito di altri popoli, una vera discriminazione-fu il popolo che fece guerre ad altri popoli per accaparrarsi il potere, grazie all'aiuto di Yahweh.

E' forse un caso che i maggiori detentori odierni del potere siano ebrei ?

**La famiglia Bauer diventa nel 1760 Rothschild, Rockenfelder/ Rockefeller, Rosenfelt/ Roosevelt:tutte famiglie ebree.**

Un potere tramandato sin dai racconti biblici... ma quello che dovrebbe far pensare e riflettere, soprattutto, è che l'èlite dei <u>potenti terrestri</u>, come ad esempio la famigerata *Skull and Bones,* si incontrano in località segrete ,dove celebrano rituali a Satana, sacrificando vittime.

Se prendiamo in esame i testi biblici, i sacrifici umani per chi venivano effettuati ?

Esodo 22, 28-29 : *Non ritarderai l'offerta di ciò che riempie il tuo granaio e di ciò che stilla dal tuo frantoio.*
*Il primogenito dei tuoi figli lo darai a me. Così farai per il tuo bue e per il tuo bestiame minuto: sette giorni resterà con sua madre, l'ottavo giorno me lo darai.*

Resta un mistero di cosa se ne facesse dei primogeniti... è chiaro !

Ezechiele 20,25-26 : *Allora io diedi loro perfino statuti non buoni e leggi per le quali non potevano vivere. Feci sì che si contaminassero nelle loro offerte facendo passare per il fuoco ogni loro primogenito, per atterrirli, perché riconoscessero che io sono il Signore.*

Questo passo conferma che i sacrifici venivano effettuati  e che il Dio YHWH appare come se fosse pentito, anche se in Esodo chiedeva i primogeniti.

Resta inteso che nei testi biblici non esiste nessun riferimento ai sacrifici per Satana...non insinuo nulla, a voi le conclusioni.

Quello che la gente non sa è che siamo tutti Elohim depotenziati dal loro potere ( per via delle programmazioni mentali ) e ci nutriamo dello stesso cibo menzionato dagli Elohim biblici, di sacrifici non umani ma anima-li, e inconsapevolmente nutrendoci di carne nutriamo le forze oscure che si nutrono di Noi... O credete alla catena alimentare? E pensate che sull'uomo non ci sia nessuno ?

# Dialogo Mentale e Emozioni

Altra prerogativa importante e fondamentale, ma del resto non presa in seria considerazione ma bensì, accettata come consuetudine è il **dialogo mentale e le emozioni.**

I pensieri non sono nostri, come la maggior parte se non tutta la gente crede di possedere.

Il pensiero è un'azione fisico-motoria da attuare, ossia la parte invisibile dell'azione stessa.

Il pensiero si può ritenere proprio, quando rispecchia l'azione stessa espletata nell'imminenza o nell'immediato spazio temporale predisposto dal pensiero all'azione dello stesso.

Resta un dato di fatto che il troppo pensare, paralizza le azioni, una vera tortura, un rimuginare qualcosa che a livello inconscio e conscio diventa un atto dissipante per l'azione derivante.

Ma chi controlla il nostro pensiero ?
Possiamo definirlo lo sfidante, il
parassita, l'alieno, i voladores, gli
arconti, in buona sostanza sono forze
che si oppongono all'evoluzione
spirituale ossia presa di Coscienza
dell'uomo.

Per quanto possa risultare inconcepibile
e poco credibile, i nostri pensieri sono
controllati da Entità o come sosteneva il
Vangelo di Filippo : " *Gli arconti vollero
ingannare l'uomo, perché essi videro
che egli aveva la stessa origine di quelli
che sono veramente buoni. Essi presero
il nome delle cose che sono buone e lo
diedero alle cose che non sono buone,
per potere, per mezzo dei nomi,
ingannare gli uomini e legarli alle cose
che non sono buone. E poi, se essi fanno
loro un favore, li allontanano da ciò che
non è buono e li collocano in ciò che è
buono, quello che essi conoscono.
Perch'essi hanno deliberato di prendere
l'uomo libero e fare di lui un loro
schiavo, per sempre.Vi sono potenze che
danno questo all'uomo non volendo che
egli sia salvo, per poter diventare suoi*

*dominatori. Perché se l'uomo è loro schiavo vengono fatti sacrifici e si offrono animali alle potenze. E ciò che essi hanno offerto è bensì vivo, ma dopo che l'hanno offerto muore. Quanto all'uomo, fu offerto morto a Dio, ed è vissuto. Gli arconti pensavano che fosse per la loro potenza e la loro volontà che gli uomini facevano tutto ciò che facevano, ma lo Spirito Santo preparava per essi ogni cosa in segreto, come egli voleva. Fu seminata dappertutto la Verità, quella che esiste fin da principio, e molti la videro mentre era seminata, ma pochi sono quelli che la vedono quando viene raccolta".*

Come avrete potuto dedurre l'uomo è stato ingannato per essere schiavo di cosa ? Dalle reincarnazioni ? ( anche se sulla reincarnazione ci sarebbe tanto da parlare, poiché credenza popolare di origine orientale ) e di servire le potenze oscure o Arconti.

Quando il pensiero dialoga con chi sta dialogando? Con se stesso ? A questo punto saremmo tutti psicopatici che parlano tra se. Alcuni tenteranno di dire che è la Coscienza, altri l'intelligenza,  la Coscienza e l'intelligenza prevaricano le imposizioni della mente dagli schemi mentali e dai pensieri.

Il pensiero diviene intelligente quando si ha Coscienza di Sè, l'intelligenza è leggersi dentro da intus ( dentro ) ligentia ( leggere ), attribuire il dialogo all'intelligenza e alla Coscienza è fuori luogo, seppur siamo esseri intelligenti, ma  derivanti da intelligenze di altri uomini che hanno preimpostato il nostro livello di intelligenza con gli schemi mentali, culture, religioni,etiche,morali,regole, usi.costumi.

Ma il controllo più importante e potente è la Mente stessa intesa come organo fisico e sensoriale, **i nostri pensieri restano pensieri ma non sono nostri, ma resi in prestito.**

Qualcuno di voi starà scuotendo la testa come segno di perplessità e titubanza a tale concezione, chiedendosi: *"i pensieri non sono nostri ?"* Il controllo dei pensieri e della relativa mente è come se fossero un appalto, il cui gestore è qualcosa che si è identifica in e con Noi, di cosa stiamo parlando ? Dell'ego. Non ha importanza con quale nome si definisca, ma è di rilevante importanza capire che siamo schiavi della Mente, ed ogni singolo schiavo può rompere le catene se solo lo desidera e lo vuole. E' appunto acquisendo consapevolezza e presa di Coscienza che ci si può liberare dal Tiranno, anche se è doveroso specificare che non ce ne possiamo liberare poiché è la Mente stessa, ma possiamo domarla, addomesticarla e renderla ai nostri servigi, proprio come lo siamo stati Noi per tanti anni, vivendo nella illusione dei nostri ( suoi ) pensieri. A tutti succede di dialogare con se stessi... se pinco palla dialoga con pinco palla, sotto forma di pensiero, cosa ha da dire a se stesso ? La logica del pensiero stesso e di una Mente che in gergo si può definire "normale" è che si comunica o dialoga quando si è almeno in due, in modo tale che il *dialogo ( una lotta con l'animale ego e il logos l'Essere in noi )* venga recepito dall'interlocutore e poi rinviato al mittente, che il pensiero sia sovente è normale, ma che si dialoghi da se con se risulta anomalo. Tutto ciò accade in modo naturale, disinvolto, consuetudinario da ritenerlo una semplice prassi, dialogare con se stessi.

Mi rendo conto che per la maggioranza delle persone, risulta difficoltoso accettare che il dialogo con se stessi non sia naturale, come si è sovente credere praticandolo sin dalla tenera età, ma con un un pizzico di volontà' possiamo provare ad avere delle delucidazioni su ciò che accade.

Quando pensiamo intensamente a qualcosa o qualcuno, interviene il *dialogo che ci dice cosa fare, cosa non fare, di lasciar perdere, di accettare, di rifiutare, di prendere tempo...*come può essere possibile che voi stessi decidiate di volere fare un qualcosa e subito abbiate una risposta in netto contrasto con il vostro desiderio o azione che volete svolgere ? Chi è che vi incita o vi disincentiva sul fare o non fare qualcosa ?

Ora ammettere che siamo noi stessi a decidere proibendo o promuovendo la nostra azione o desiderio è a dir poco imbarazzante oltre che paradossale ma se ci soffermiamo a riflettere ci renderemo conto che è come se ci fosse una doppia personalità, e possiamo deliberatamente affermare: **un intruso.**

L'intruso è molto famigliare si identifica con noi stessi, indicando e impartendo le nostre azioni e decisioni.

Lo abbiamo nel momento in cui veniamo al mondo, all'atto della nascita ed ancor prima in fase embrionale, nell'attimo in cui si comincia a formare il sistema neurale: **l'ego.**

L'ego si forma e prende consistenza con l'introduzione dei programmi che non sono altro che il sostegno e alimentazione dello stesso.

Non è un caso che il nostro cervello sia diviso in due emisferi che entrano in contrasto spesso e volentieri tra loro creando il conflitto interiore, facciamo degli esempi: **l'emisfero sinistro** è

logica **l'emisfero destro** è istinto,
capite che il conflitto è inevitabile!

**Emisfero sinistro** *logica, affrontare una cosa alla volta, elaborare le cose in modo lineare, compie azioni in modo sequenziale, concreto, razionalità, comunicazione logica, ragionamento,metodo,scompone.*
**Emisfero destro** *istinto, integra diversi input contemporaneamente, percepisce e pensa in modo olistico,spirituale,sacro,mistico, comunicazione gestuale, emozionale, sintesi, intuito, compone.*

*Il cervello è in conflitto difficile da credere vero ? Noi siamo gli amici e nemici di noi stessi.*

Quali sono le caratteristiche che ci fanno capire quando si instaura un dialogo mentale ?
Senza dubbio il senso di colpa, il rimorso, la insicurezza, l'incertezza, la paura, il non sentirsi all'altezza di una

situazione, la sottomissione, e tanto altro ancora.

Ma da cosa scaturiscono questi stati d'animo o se vogliamo dire psicologici ? Dalle **emozioni** motivate da un movimento : ***emo-azioni*** ( flusso di sangue ) fisiologiche e mentali associati a stimolazioni e interne che esterne che producono modificando lo stato psicofisiologico. Nelle emozioni non a caso sono coinvolti il terzo e il quarto chakra ossia il plesso solare e il cuore ove sono i mezzi attraverso i quali notiamo l'emozione.

In effetti potete notare da soli, quando accade una situazione poco piacevole, avvertirete un peso, un senso di irrequietezza sullo stomaco e battiti del cuore accelerati. La caratteristica principale del terzo chakra è il calore per cui la concentrazione operata su di esso favorisce il riscaldamento e la combustione. Ed è la tipica sensazione di calore, il sangue che ribolle, **lo spirito,** il fuoco che si origina dal plesso solare divampando in tutto il corpo.

Lo stato emozionale influenza e determina la nostra esistenza e in positivo che negativo apportando alla nostra vita una illusione della stessa. Sono le emozioni che determinano il dialogo mentale instaurando la triade della illusione di conoscere se stessi: ego-emozioni-sensazioni.

Le emozioni sono i mezzi del nostro corpo fisico per decifrare e stabilire gli eventi che accadono attorno a noi, *è doveroso citare che siamo molto più complessi di come possiamo immaginare, abbiamo dei corpi sottili, se osservassimo una cipolla tagliata a metà, potremmo osservare similmente la struttura dei nostri corpi sottili.*

Ma ci limiteremo a parlare del corpo per antonomasia "il corpo fisico".

Lo stato emozionale è dovuto da reagenti che inibiscono il normale flusso armonico che il corpo umano dovrebbe avere e sono causati da eventi esterni che apportano la reazione sotto forma di emozioni, che determinano lo stato d'animo a livello psichico.

Ci ritroviamo sempre in balia delle emozioni, che in un certo senso sono responsabili dell'andamento della nostra vita della nostra esistenza, nel rapportarci con la realtà circostante e nel discernimento della stessa.

Vivendo in un contesto duale siamo invasi e pervasi da emozioni positive e negative, è superfluo dire che le emozioni negative non sono gradite, ma hanno un intensa e profonda utilità; trasmutarle in positive, non per niente si suol dire *"trai dal negativo il positivo"* ora che le emozioni esistano sono un prezioso mezzo e metodo per discernere, decodificare, stabilire, ma rammentiamo che sono mezzi atti per lo sviluppo della psiche correlati alla propria mente, e sappiamo che la mente si nutre di emozioni divenendo il risultato delle stesse.

Se dovessimo raffigurarle per renderle in modo elementare e semplice potremmo descriverle nel seguente modo :

*il corpo umano è composto da terminazioni nervose che sono collegate al sistema nervoso centrale ( migliaia di circuiti elettrici facenti capo alla centrale elettrica) il flusso del sangue funge da input per le cellule che son relegate all'invio del messaggio dell'impronta di passaggio di sangue attraverso restringimento o cedimento delle pareti arteriose e venose, trasmettendo l'emozione al cervello e alla sua mente, determinando appunto in base all'afflusso o deflusso di sangue l'emozione negativa o positiva.*

Le emozioni vengono registrate e depositate nella mente, e ogni qualvolta si ripresenta l'evento che le ha scaturite innescano lo stato d'animo che l'emozione stessa ha provocato, facendo sì che si viva l'esperienza vissuta, ossia illusione, trasponendola nel presente.

**Il procedimento è simile alla trascrizione di dati che si effettua su un hard-disk, il quale computer lavora sui dati immessi, e se non si aggiorna il sistema o formatta per reinserire nuovi dati, il computer lavorerà eseguendo fedelmente il**

**compito per il quale è stato creato, eseguire i dati immessi.**
Denoterete che possiamo essere facilmente portati a vivere nel passato o proiettati nel futuro stati di condizioni puramente illusori, il passato sono momenti espletati con la loro impronta emozionale riconducibili al presente con situazioni che innescano l'emozione vissuta in passato, e il futuro momenti che sono creati nella nostra mente attraverso, il pensiero, l'immagine che creiamo nella nostra mente vivendoli nel presente ma che non hanno valenza proprio come il passato poiché sono entrambi illusioni per ciò potete dedurre l'illusione in cui viviamo: il maya. Quando accade ciò perdiamo di vista lo stato più importante : il presente che scorre via, denigrato dalle emozioni riperseguibili in ogni istante grazie al magistrale lavoro del dialogo mentale, mezzo preposto per dissipare e coercizzare la realtà, essere schiavi del sistema, della mente, vivendo l'illusione di se stessi da illusi.

La patologia cronica dell'umanità ( atto di essere umano ) è proprio rendersi e identificarsi con le emozioni uno strumento creato per la dualità che se saputo usare addormenta o risveglia, come tutte le cose ci si lascia usare dal mezzo, **esserne usati**, riducendosi al prodotto del mezzo usato, in definitiva **<u>schiavi di se stessi ossia del mezzo.</u>** Il peggior nemico da affrontare siamo noi stessi, quando e solo ci si rende conto, prendendo **atto di coscienza** che siamo e stiamo vivendo una illusione potremo porre le basi per riconnetterci alla nostra vera natura, al divino interiore.

*Le emozioni sono provocate dal **sistema libico** che agisce come propulsore attraverso la corteccia cerebrale formata di diverse strutture come l'ipotalamo, amigdala, talamo, le quali sotto influsso di ansia, depressione, paura, secernono e rilasciano nel sangue corticotropina, liberando l' ACTH, che attraverso il sistema neurovegetativo influenzano gli organi preposti a tale stimolo.*

Tutto ciò che accade è riconducibile alla nostra struttura, ove coscientemente viviamo l'emozione provocata da agenti che innescano la reazione

Come ovviare, in che modo eludere il circolo vizioso delle emozioni ?

***Vivendole, facendosi attraversare senza esserne prigionieri, restare inerpicati, impavidi, radicati dentro se stessi, essendo consapevoli che sono illusioni, stati emotivi, ed è dir poco patetico identificarsi nelle emozioni.***

Tutto ciò è raggiungibile e ottenibile con l'impersonalità ma lo affronteremo nel prossimo capitolo.

# Personalità e impersonalità

Entriamo nel cuore dell'approccio con noi stessi il che si ripercuote, all'esterno con i rapporti interpersonali: **la personalità.**
Se analizziamo la parola personalità possiamo notare ***l'atto di / per essere*** o detto in parole semplici il dover essere, in ogni situazione o evento che ci si presenti abbiamo il dovere di sentirci tirati in causa, il che preclude di dover essere, di parte o meno ma con l'onere di dover essere, per giustificare e ricordare a noi stessi di esistere.
Sino qui possiamo convenire, con tale spiegazione, ma il problema comincia a manifestarsi con le infinite personalità che esistono e che ognuno di noi possiede.
Tra personalità accade che subentrano conflitti e contrasti, ma vediamo nello specifico cosa sia e come si forma la personalità.

La personalità è l'insieme delle credenze, usi, costumi, abitudini, consuetudini, a cui la persona si assoggetta creando la propria identificazione ; insieme delle componenti che costituiscono le proprie radici di appartenenza se vogliamo si potrebbe dire un oggetto creato per essere uniformato.

Per quanto ognuno abbia la sua personalità risulta palese che cerchi in qualsiasi modo di manifestarla ed applicarla secondo la sua provenienza di formazione socio-culturale, anche perché è l'unico mezzo, strumento in e per cui, ci si identifica, strutturando il proprio ego *"il programma"* ed è altrettanto noto che le personalità stesse strutturate su regole, leggi, devono fare i conti con il proprio ego, piegare l'animale in un certo senso.

Ma cosa accade quando due personalità si trovano o cercano il confronto, azione più che legittima vivendo in un contesto sociale, per poter comunicare devono applicare il codice che gli ha resi uniformati, ma spesso accade che si entra in contrasto subentrando in conflitto anche tra due personalità derivanti dalla stessa formazione, perché accade ? cosa scatena il conflitto seppur facenti parte addirittura della stessa famiglia ?

La specie umana si può considerare come addomesticata, *Uomo Addomesticato* ma come tale è insito l'animale designato e collocato nei chackra inferiori e cosa fa l'animale quando viene attaccato ?

Può fare solo due cose : attacca o fugge, per difendere e rimarcare il suo territorio e nel nostro caso in questione *dell' Uomo Addomesticato* difende e rimarca la sua ragione che non è nient'altro il prodotto del suo ego.

La personalità per riconoscere se stessa necessita di essere presa in considerazione altrimenti che personalità sarebbe se non potesse applicare il prodotto della stessa...***è come avere una auto e non poterla guidare !***

La personalità è l'insieme delle proprie convinzioni con(vincere) non darsi per sconfitto e si protesta in modo insinuoso per vincere sugli altri, non ammettendo a se stesso le probabili possibilità che si possa aver torto per via del radicamento alle proprie visioni.

Rinunciare alle convinzioni è un'atto estremamente difficile, appunto per la identificazione nel e del pensiero che si formula e che si crede sia veritiero, unico, del resto come puoi smuovere una montagna se non con un terremoto, un radicamento è senso di stoltezza perché si è irremovibili da e in ogni cosa. Le personalità vengono domate e piegate nella vita di tutti i giorni ed è un delirio per le personalità non poter far nulla e subire in modo passivo, un esempio : ambiente lavorativo, la personalità è costretta a tacere il più delle volte, per evitare ritorsioni su di essa.

Purtroppo siamo pensieri i quali hanno origine da impulsi scaturiti dalle emozioni, e regolati dalla propria educazione ricevuta, dalla cultura e si presentano quando non sono consone al personale modo di essere, innescando il conflitto di personalità.

La personalità è una maschera costruita sulla persona, ci sono miriadi di maschere alcune affini tra loro per parallele incognite avviluppate alle culture e altre completamente distanti.
*E' bene che sappiate che le distanze sono nella mente e non nel cuore.*
La personalità è divisione *divider le visioni per creare distanze incolmabili. Il vuoto che avviene tra due menti è incolmabile per via della ragione che ognuno vuole far valere, e senza trovare un accordo ci si ritrova ad urlare...perché urlando ci si sente di più ? ma non bisognerebbe urlare in casi e luoghi ove ci sia rumore assordante ? In un dialogo che diviene discussione cosa è o cosa rappresenta " **il rumore** ". E' la Mente... la mente crea rumore, divisione, separazione e ci si illude che più potente ed intenso è l'urlo e maggior efficacia ha colui che enuncia. Si è a pochi metri ma si è distanti e la distanza aumenta in modo esponenziale alla dose di Mente che si immette nella discussione. Questo accade perché ci si allontana dal cuore, il cuore non urla,*

*vibra, sussurra non ha bisogno di imporre la propria ragione.* **Tanto più ci si allontana dal cuore e maggiormente si diventa sordi...e per comunicare e sentirsi si urla !** *Un dialogo ove regna il cuore resta un dialogo. Quanto entrate in discussione ricordate che è la mente, fate un passo indietro e usate il* **cuore.**

**L'impersonalità** in origine <u>in-personalità</u> ossia la persona interiore ha come radice un qualcosa di estraneo alle personalità che prendono da fuori per mettere dentro...è esattamente l'opposto per l'impersonalità, prende da dentro per esternarlo. L'impersonalità è la manifestazione deliberata del proprio Essere, vi siete soffermati qualche volta ad analizzare la parola Essere Umano ? E' l'Essere che vive una condizione umana e non l'Uomo a vivere una condizione dell'Essere, altrimenti sarebbe stato chiamato Uomo Essere. *"Coscientemente possiamo definire senza indugi che l'impersonalità è fuori dagli schemi mentali, dalle programmazioni, dalle emozioni,* dall'ego, dal giudizio, perché ho scritto coscientemente? Sono relazioni e atti di coscienza che si possono realizzarli solo con l'inconscio, il quale non mente non è influenzato semplicemente è. Il problema è che non sappiamo comunicare con il nostro inconscio ( inconscio) notate il significato delle parole con il nostro interiore. L'inconscio non conosce il termine **"non"** e se voi comunicaste attraverso il pensiero uno stato di animo o una negazione che non volete l'inconscio eseguirà esattamente proprio quello che non volete, percepirà non la vostra emozione ma la causa dell'emozione. E' qui che dovete capire che siamo un **microcosmo** rispetto al **Macrocosmo**, abbiamo dentro di noi la stessa composizione del cosmo e funzioniamo allo stesso modo del cosmo o dell'universo che non conosce il termine **"non"**sei Tu parte dell'universo e non te ne rendi conto"ma dopo questa piccola premessa torniamo alla impersonalità, Essere impersonali significa non essere in allusione a nulla, allo stato emotivo e indotto da agenti esterni, e pregressi dalle esperienze vissute. Non pensato come individualità, identificazione, personalità, il Sole illumina, riscalda,irradia, senza allusioni, purtroppo il genere umano vive nelle emotività, deve essere, deve fare, deve avere, e per aver riscontri e conferme necessita di essere considerato, creando per sé il bisogno di considerazione. Un messaggio o concetto trasmesso impersonalmente non viene recepito come privo di considerazione, o tendente ad esprimere la neutralità del messaggio stesso, ma viene reindirizzato come personale a colui che lo enuncia, proprio in virtù della incapacità di Essere impersonali. L'inaffidabilità deliberata di rapportarsi con la realtà è solo una mera illusione ed ognuno ha una sua visione, per questo abbiamo diversi punti di vista nonostante la medesima situazione, circostanza, visione. Questo per introdurre che la diversità delle sfaccettature che abbiamo l'un dall'altro è sia oggettiva che soggettiva dipendente dalle proprie esperienze che hanno impresso l'emozione creatisi. In questi frangenti si fa uso della propria personalità e ci si rapporta condizionatamente all'insieme dell'immagine di se che si è creata. L'impersonalità agisce senza preclusioni alcune, vincoli o influenze è rigorosamente libera, fluida, anarchica segue perseguendo il flusso da cui è composta e ne deriva. Quando si raggiunge uno stato impersonale si è esenti da stati emotivi, i quali appartengono alla concezione umana o vogliasi dire polarizzazione vivendo in un contesto duale.

Per quanto la dualità è essenziale per un sviluppo e crescita interiore necessita prendere atto che comunque ci si schieri da ambo i lati si vive uno stato emotivo, divenendo di parte il che preclude l'integrità di raggiungere la non polarizzazione ossia la neutralità. Essere neutrali comporta il non comportarsi, in questo stato prevale il silenzio, contornato e adornato dall'espletazione della propria Essenza attraverso l'Essere, **e di conseguenza *"si è" da non confondere con voler essere*.** Le disparate e innumerevoli influenze atte ad interferire la promulgazione del proprio Essere sono sempre in aumento costante ostacolando la sua manifestazione. Ragion per cui è indispensabile divenire impersonali per poi successivamente *Esserlo...*

*Può sembrare paradossale ma bisogna trascendere dal <u>sangue</u> ove scorre lo stato emotivo che riguarda sia le emozioni negative che positive le quali prevalgono sull'uomo agendo da dissipatore per l'Essere impersonale, in altre parole chi è senza pendenti e invischiato dalle emozioni può raggiungere l'impersonalità.*

La crocifissione del Cristo da e per una visione esoterica rappresenta **l'impersonalità**, l'Essere emerso nella sua completa *forma senza forma,*i due ladroni ai lati del Cristo rappresentano la dualità, ossia il **positivo** *ladro buono* e il **negativo** *ladro cattivo,*ma al centro è posto il Cristo che rappresenta il

**neutro** senza polarizzazioni duali. Il cammino del Cristo è il percorso da seguire crocifiggendo l'animale ( ego ) o vogliasi dire uomo, per divenire impersonali e neutri risvegliando il Cristo interiore o il famigerato ed enigmatico *Figlio dell'uomo.*

La caratteristica dell'impersonalità è l'atipicità dal comportamento umano il quale è strutturato e composto da strutture e sovrastrutture atte alla corresponsabilizzazione di intraprendere rapporti interpersonali. Le parole servono ben poco per descrivere l'indescrivibile e imponderato; mentre lo scibile è il mezzo della personale razionalità nel relazionarsi.

Il pensiero impersonale è informale non diretto in modo soggettivo ma bensì estroso e inusuale rispetto alla personalità. La rimembranza della impersonalità trae origine dall'Essere che è prettamente e integralmente impersonale.

# ANIMA

Anima, questa parola così soffusa ma diffusa, di cui si parla tanto, almeno per coloro che credono e si rendono conto che dentro di noi abbiamo un qualcosa che va oltre il corpo fisico con le sue annesse funzioni fisiologiche. Cos'è l'Anima? *Potremmo definirla, per rendere l'idea, colei che anima appunto il corpo .Un'auto senza il conducente resta un'auto inutilizzabile, inerte. Nell'arco della sua esistenza, il conducente ambierà più auto per via del loro deterioramento, traendo da questo l'esperienza di aver guidato auto con diverse caratteristiche.*
Allo stesso modo accade per l'Anima, che farà attraverso i corpi la propria esperienza al fine di completarsi e conseguire il suo riconoscimento. L'Anima senza un corpo non può riconoscere se stessa, è solo grazie al suo contenitore che può svilupparsi ed

evolvere, volgendo al divino a cui appartiene.

Sempre per rendere l'idea dell'Anima, è come se fosse in una crisalide che rilascerà la farfalla, la quale prenderà il volo... ma non tutte le farfalle voleranno in alto sino a scomparire, molte si fermeranno a curiosare perdendo così la loro opportunità di riconoscersi nel **Creatore Infinito.** Il tutto è relativo e dipendente al lavoro svolto all'interno della crisalide.

Quello dirò ora vi sorprenderà : noi non abbiamo l'Anima. *Siamo Anima. la nostra Anima è immortale, vive oltre l'abbandono fisico l' illusione della morte, che è dovuta al solo deterioramento del nostro corpo fisico.* Quello che è accaduto nei secoli ad ANIMA è stato l'ostracismo da parte delle istituzioni religiose, credenze, usi, offuscandola e imprigionandola in un ruolo umano, identificandola come tale e riducendola al prodotto umano, creato per il mantenimento di un sistema che trae beneficio dalla sua energia vitale.

Comunque sia, anche coloro che assumono il ruolo di oppositori per l'evoluzione di Anima, fanno parte del grande gioco, sono anch'esse Anime che hanno quel ruolo determinante e importante per stimolare la crescita e l'evoluzione di Anima. Se non ci fosse stato il sistema duale Anima non avrebbe avuto la possibilità di discernimento per innescare il Risveglio del Sé. Una sola polarizzazione **come il bene,** non induce all' elevazione ed evoluzione, poiché ci si basa su un solo parametro che annichilirebbe ogni tentativo di stimolo nel progredire, convincendo se stessi di essere già realizzati e consapevoli.

In molti si accingono a conoscere Anima, ma il più delle volte si rivolgono altrove, *nelle più svariate tecniche di meditazione*, ma il tutto è ininfluente ,semplicemente perché **"Voi siete la tecnica, *è solo ascoltando il vostro sentire, la meditazione è la vita stessa istante dopo istante.*"** E' essere presenti, osservandosi fungendo, da osservato e osservatore, ed proprio è in questo frangente che scorgerete  Anima.

Ma che cos'è l'Anima? Una domanda impertinente, visto e considerato che sto scrivendo questo libro in cui asserisco che ognuno ha il suo modo di scoprirlo, ed essendone consapevole mi limiterò a dare la mia visione, nel  vostro pieno rispetto.

*"Anima è l'espediente mnemonico della sua totale esperienza o se preferite, la memoria **dell'Essere incarnato in Noi**", proprio come la mente per il nostro corpo ( cervello ).*

Anima è parte infinitesimale individualizzata

della **Grande Anima Vivente,** dotata del *Libero Arbitrio:* per rendere l'idea è come se fosse una cellula del nostro corpo, il quale è costituito da miliardi di cellule.

Ora se vi soffermaste ad analizzare un dato di fatto che passa inosservato e scontato per tutti, potete rilevare che ogni cellula del nostro corpo è indipendente e sin dai primordi del nostro stato di crescita fetale assolve il suo compito. Chi è che guida e dirige le cellule, il feto che deve venir ancor alla luce? Ogni cellula è **Coscienza,** sa cosa e come assolvere il suo compito indipendentemente dalla volontà di chi ne è costituito, sembra bizzarra come realtà ma non abbiamo la facoltà di assumere il controllo di una sola singola cellula di cui siamo composti!

Così Anima, come le cellule può assolvere il suo compito se diviene Coscienza, servendo il Corpo Universale da cui è costituita e di cui è parte costituente.

Cosa avrebbe potuto impedire alla **Grande Anima Vivente** di apporre ad Anima le stesse modalità delle nostre cellule, di essere coscienti nell'assolvere il loro compito ? Che senso avrebbe se Anima prima di giungere sul pianeta fosse al corrente del suo compito ?

Per questo vige la legge del libero arbitrio, in ragione del quale la cellula del Tutto (Anima ) può riconoscersi, riconoscendo la sua appartenenza e provenienza.

Del resto, a noi sembrano tanti 100 anni ma cosa sono rispetto all'Eternità senza tempo...

L'Anima è ognuno di noi che sperimenta se stesso, in qualità di parte infinitesimale del Tutto. Non esiste giusto e sbagliato ,che non sono altro che precetti e imposizioni per soggiogare l'uomo, il contenitore di Anima.

Come da credenze, Anima è identificata come *aria, soffio, alito,* un qualcosa di non visibile ma reso visibile attraverso la materia che permea, sostenendo e animando l'uomo.

Come si entra in contatto con Anima ?

*Questa è una risposta che ognuno di voi ha già...*ma si è pigri nel ri-cercarla, ricorrendo a scorciatoie : dottrine, tecniche meditative, correnti, una sorta sostanziale di nuove religioni che rivestono il ruolo, in questo periodo di Risveglio, di sviare Anima. Cambiano i tempi ma il fine è identico: trarre energia vitale.

La connessione, in questo caso ri-connessione, con se stessi è un " *abbandonarsi ed essere trasportati dal flusso che fluisce in noi, essere come le foglie e il torrente che sgorga fluttuando in noi, per risalire alla Fonte di Origine, plasmandoci in essa."*

Quando cominci a prender Coscienza, si prende atto che nella massa ci sono soltanto regole, illusioni, falsità.

In Natura quello che più rappresenta e descrive Anima, sono gli Anima-li e le piante, solo perché **sono** senza dover essere...

L'uomo purtroppo è soggiogato dalla e nella personalità che gli vien creata condizionatamente sin da quando viene al mondo, privandolo del "libero arbitrio".

Un esempio è il classico *battesimo, ove chi lo riceve non dà il consenso,* tanto ci sono gli altri che pensano per lui: *scuole, istituzioni, religioni,* quello che conta è isolare Anima, relegarla e porla in un angolino.

E' chiaro che, nascendo in un contesto come una tribù che è in stretto contatto e correlazione con la Natura, si viene assorbiti da essa, vibrando alla medesima vibrazione.

Anche se oggi la Natura stessa viene violata dall'uso di sostanze chimiche e dalle miriadi di interferenze, che spaziano dai satelliti alle Haarp per alterare la frequenza del pianeta, la frequenza sonora di base conosciuta con il nome di **Risonanza di cavità Schumann**, 7.8 hertz, oggi ha raggiunto e superato i 10 hertz.

La caratteristica intrinseca e inconfondibile di Anima è " *l'Assoluta Anarchia*".

E' refrattaria a regole, imposizioni, schemi, nel momento in cui riaffiora ritrovando le sue peculiarità ,sgretola tutto per manifestare ciò che è sempre stata.

Quando accade, è un tripudio di gioia enfatica indescrivibile, si comincia a ricordare, ad essere consapevoli della grandezza di ciò che siamo.

Inizialmente ci si sente disorientati, si avverte un senso di smarrimento ,di non appartenenza, ai propri simili, esattamente come un uccello che vola dalla sua gabbia verso l'esplorazione di terre sconosciute ma intrinsecamente note.

Tale situazione dura per poco, per via dell'incontro con altre Anime **risvegliate,** che interagiscono per risonanza, ritrovando in esse la stessa sostanza di cui sono costituite.

Anima è consapevole di agire nel pieno rispetto del *libero arbitrio* altrui, non convince ma coinvolge, emanando la vibrazione di cui è composta ,andando a sollecitare l'intorpidimento letargico in cui riversano i propri simili, attivando in loro lo stato vibratorio di cui sono composte.

*Per rendere l'idea, è come se foste lo stoppino di una candela senza sapere di esserlo, ma quando una candela accesa porge il suo stoppino accostandosi a voi, accenderete la vostra " scintilla divina " ,uscendo dalla condizione di buio che avete sostenuto per i condizionamenti inflittovi.*

Il lavoro è mantenere accesa la scintilla divina e alimentarla perché divampi, per la manifestazione del nostro Essere. Le scintille sono come un cielo, costellato da stelle, una stella brilla di luce propria e la propaga nel cosmo, risultando visibile e attaccabile. L'attacco verrà inflitto sulla parte umana: "*la parte oscura che ha secretato e imprigionato, ostracizzando la scintilla divina*", subendo e imponendo condizionamenti e programmazioni mentali, agendo sul fronte prettamente emozionale e della personalità.

Fondamentalmente non esiste il buio, il quale è assenza di luce: se vi trovaste in una stanza buia e accendeste un fiammifero, il buio si illuminerebbe.

La luce del sole rifrange sul nostro corpo proiettando l'ombra, in buona sostanza significa che il nostro corpo è il buio, ma dal buio nasce la luce interiore.

# LE ANIME GEMELLE

Che cosa sono le anime gemelle ? La Monade è indivisibile, integra, ma accade che quando si proietta subisce una scissione, come nel caso della nostra dimensione. Entrando nel duale si scinde in Anima e Spirito ossia in femminile e maschile, poiché la Monade è Androgina, completa, integra.

Le anime scendono nell'involuzione per assolvere il compito dell'Io o Sè superiore, discendono per poi evolvere. Per far sì che le Anime gemelle si riconoscano, devono entrambe travalicare la mente lineare assumendo una mente olistica. Entrambe hanno affinità dei loro corpi sottili, psichico, eterico, astrale,casuale... maturando la propria consapevolezza, sono attratte da un Amore che travalica passioni, sentimenti, attaccamenti, dipendenze, legami, le quali modalità sono tipologie umane!

Le Anime gemelle ritrovano le capacità psichiche,

sincronismi, telepatia, pensieri ad unisono... quando raggiungono una consapevolezza completa, toccano le vette più alte sino a fondere il loro corpo eterico e le loro Anime. Preparandosi alla riunione e a ritornare come Androgino alla Monade di cui sono composte.

Una caratteristica che può sembrare paradossale è che le Anime gemelle non si incontrano, non si sono mai date un bacio, non si sono mai sfiorate, eppure provano un'attrazione che va oltre qualsiasi prerogativa umana.

Sino a quando sono nella dualità possono anche non stare insieme con i loro rispettivi corpi, sono sul piano fisico per assolvere il loro compito assegnato dall'IO Superiore. Sono così attratte e innamorate che non pensano tanto alla loro condizione umana, quanto alla loro riunione dei corpi sottili.

Le anime gemelle riunitesi hanno un grande potenziale, sono in grado di

esprimere appieno l'IO SONO, il SE'
Superiore o dicasi Dio.

# La Coscienza e l'IO SONO

Quante volte parliamo di Coscienza ma sappiamo realmente cosa sia ? Se scomponessimo la parola, otterremmo Co-scienza: l'insieme cooperante della scienza; *tuttavia la scienza è sperimentazione che trae conoscenza dal suo esperire*, Coscienza invece conosce se stessa attraverso l'esperienza e la sperimentazione.

Ma che cos' è Coscienza ? *Per non arrogarmi il diritto di definire un qualcosa di indefinibile, potremmo dire che è "il cervello universale, la Fonte dell'intelligenza e saggezza infinita che si manifesta attraverso la sua memoria: Anima."*

L'immensità non ha un parametro e conoscenza di se stessa, proprio perché è infinita, senza inizio e senza fine. Spesso si pensa e crede che Dio si sia interessato alla creazione della Terra e dei suoi regni: flora, fauna e umanità, certo, ma è solo una delle creazioni possibili nell'immenso infinito in cui l'uomo e il pianeta Terra giacciono. Non siamo l'unica fonte di vita negli universi e nel multiverso, *"asserire che lo siamo è come affermare che il Creatore del Tutto abbia creato Tutto, ma inerente solo al Pianeta Terra, denigrando il Creatore stesso per aver creato inutilmente altre galassie, altri sistemi solari, e ritenendolo interessato esclusivamente al pianeta Terra"*. L'uomo è molto egocentrico, grazie anche alle influenze religiose in cui si narra che il Creatore creò I cieli e la Terra, asserzione alquanto fuorviante e iniqua oltre che ambigua, a nessuno di voi è mai passato per la testa che possa essere stato l'uomo a creare un Dio ad personam ?

La Coscienza è la Mente di Dio, il suo pensiero che agisce sul Tutto, poiché il Tutto è stato creato e regolato da una sua idea, elaborata dal suo pensiero, per sperimentare le sue molteplici espressioni al fine di conoscere se stesso. La Coscienza è dunque il coesistere del suo pensiero anche nelle nostre menti.

Se volessimo schematizzare, potremmo illustrarlo in questo modo: *la Coscienza è il pensiero di Dio che agisce nel creato che funge da mente.*

Per quanto riguarda l'Umanità, è dotata di un cervello che elabora secondo il suo programma tutti i dati immessi, dipendentemente dalla propria cultura di appartenenza. Differentemente flora, fauna e regno minerale hanno una Coscienza collettiva ed esprimono in modo eccelso la manifestazione del Creatore, poiché non hanno schemi,schermature e programmazioni ma semplicemente SONO.

Difatti se prendeste per esempio il vostro cane e lo faceste incontrare con un cane che vive in Cina, notereste che riescono comunque a comunicare...l'uomo incontra enormi difficoltà nel comunicare con altri uomini di culture e lingue differenti. L'uomo ha una Coscienza individuale detta *secondaria,* costituita per lo più da programmazioni mentali create dall'uomo per l'uomo. La storia insegna che regolamenti e leggi sono stati creati per assoggettare il genere umano, al fine di trarne vantaggio.

Come si fa ad accedere alla Coscienza *primaria,* o meglio, come permettere che la Coscienza primaria sia in noi ? Prima di rispondere a questa domanda, è fondamentale capire chi è Dio, che cosa significa Dio...

D-IO, dal sanscrito, è l' IO SONO, il nostro Essere che dimora in noi. Non vi sono separazioni, distanze, complessi di inferiorità nel rivolgerci a Dio, poiché è dentro di noi, siamo una parte infinitesimale del Creatore Infinito: *una goccia del mare non può dire di essere il mare, ma il mare è composto da miliardi di gocce.*

 E' doveroso citare le 7 leggi universali, che oggi conosciamo grazie alla metafisica, per avere le idee chiare di come possiamo far accedere la Coscienza in noi, essendo dotati di libero arbitrio.

1. **Legge della Creazione**: il Tutto è stato creato dalla mente del Creatore Infinito.

**2. Legge della corrispondenza**: come in alto così in basso, come in basso così in alto, come dentro così fuori.

**3. Legge della vibrazione** : Tutto è in vibrazione e movimento, anche il silenzio.

**4. Legge della polarità**: gli opposti si attirano e i simili si respingono, o attrazione e repulsione.

**5. Legge del karma o di causa-effetto** : possiamo affermare che come si semina così si raccoglie, siamo i co-creatori della nostra realtà, sia da consapevoli che inconsapevoli.

**6. Legge dell'armonia** : tutto si muove in modo armonico, come un pendolo che va da destra a sinistra e viceversa. I due movimenti divengono uno la perfezione Dio.

**7. Legge di generazione** : tutto ha una polarità maschile e una femminile; dar vita a un individuo della stessa specie.

Queste leggi sono fondamentali nell'esperire la nostra esistenza e nel

condurci alla mente di Dio, dell'IO
SONO: il nostro Essere o Sé Superiore.
In nostro aiuto intervengono gli animali,
creature affini, simili a noi, per
ricordarci come dovremmo essere, ma
quello che drammaticamente avviene a
causa delle svariate culture dislocate sul
pianeta, è di sopprimerli per cibarsene.
Tutto ciò che è disarmonico, sofferente,
è solo frutto dell'uomo, poiché ignaro
delle 7 leggi universali, le quali se non
rispettate si concatenano con un effetto
domino, provocando lo stato
degenerativo in cui versa l'umanità.
La Coscienza si esprime e manifesta
attraverso sì l'involucro, corpo, cervello
e mente, ma sostanzialmente questo
avviene soprattutto attraverso l'Anima,
che è la memoria dell'Essere o IO SONO.
Siamo attraversati dalla Coscienza come
il vento che accarezza i petali di un fiore.
L'IO SONO è il coefficiente
dell'immensità e incommensurabile
Grandezza del Creatore Infinito.
Sentiamo parlare spesso di *ispirazione,
di qualcuno che è ispirato:* in realtà chi è
ispirato è **inspirato,** attraversato dalla

Coscienza che agisce mediante le nostre menti. Fungiamo da canali, siamo dei vettori: *come cavi di corrente che conducono energia elettrica fruibile ed utilizzabile per molteplici usi, ma il fine è sempre il medesimo, condurre alla via, la Fonte a cui siamo connessi.* Perché questo avvenga, è necessario cedere e abbandonare le nostre personalità, createsi su condizionamenti e influenze ricevute nel corso della nostra esistenza,  che variano in base a diversi fattori inerenti alla cultura, educazione,luogo, credenze, che ostacolano la nostra connessione con Dio-l' IO SONO.

Il nostro Essere è totalmente impersonale, privo di influenze e condizionamenti. ***E',<u>senza dovere essere.</u>*** *E'un dovere rammentare che siamo giunti sul pianeta assolutamente impersonali!*

Quando giungiamo al mondo dalla Fonte, siamo Coscienza *<u>che non sa di essere,</u> di fatto siamo allo stato primordiale, ma proprio nell'esperire* *noi stessi prendiamo consapevolezza di essere Coscienza.*

Il gioco delle vite che si succedono sin dall'inizio della Vita stessa, è il gioco dell'immensità infinita che non ha inizio e non ha fine... e l'unico modo che ha di conoscersi è attraverso la sua creazione. Quello che accade è che l'incontenibile ha scelto di essere contenuto nella misura sufficiente, utilizzando l'essere ossia l'IO SONO, con una straordinaria e stupefacente condizione, avvalendosi del libero arbitrio concesso al contenitore che lo contiene: *l'uomo.*

Un gesto alquanto zelante e umile da parte del Creatore Infinito: per ascendere a se stesso discende. *Che sia chiaro, essendo infinito discende in parti infinitesimali, ossia cellule di sé stesso, che si rigenerano all'infinito poiché sono l'infinito.*

Quando si prende consapevolezza che l'immensità è racchiusa in noi, si comincia pian piano ad ascoltarsi. In principio avremo difficoltà nel sentirci, perché abbiamo nelle nostre menti il **caos**, una moltitudine di programmi che si innescano anche attraverso un semplice pensiero. E' solo nel silenzio che si ode la vibrazione, la voce di Dio: la sua vibrazione agisce attraverso il nostro corpo che funge da cassa armonica, proprio come una chitarra le cui corde risuonano nella sua cassa. *Per rendere l'idea possiamo usare la comparazione:siamo chitarre di Dio le cui corde sono le nostre Anime.* Purtroppo parte di queste cellule dell'infinito che sanno di essere infinito e di essere Dio-qualcuno li chiama <u>gli Illuminati</u>-sono **degli inibitori di Coscienza,** i quali tengono per sé la conoscenza e la tramandano a un ristretto gruppo di cellule.  Anche loro fanno parte del gioco poiché siamo tutti parte del Tutto, ed è grazie anche al loro ruolo che si creano le condizioni in cui e per cui la Coscienza può manifestarsi. Gli inibitori di Coscienza agiscono sulle menti, fungendo da guardiani o carcerieri delle nostre Anime. Alla stessa stregua di come si programma un robot, così le nostre menti sono programmate.

Niente e nessuno può ostacolare la mente di Dio ( l'IO SONO) l'Anima; ma può ostacolare le nostre menti umane ,le cui ci identifichiamo credendo di essere il prodotto delle stesse...
Il gioco dell'Eterno è vivere l'Eternità che non ha tempo e spazio. Immaginate di essere l'Infinito, in che modo sapete di essere infinito se non avete inizio e fine?
*L'unico modo è frammentarsi per conoscersi a pezzi e ricomporre come puzzle l'infinito, proprio attraverso la Coscienza, la sua mente!*
Il principio della Coscienza, ossia della mente del Creatore Infinito è il suo pensiero che crea, è la sua materializzazione che esprime l'impersonalità.
Fu detto: " *In principio era il Verbo, il Verbo era con Dio, e il Verbo era Dio* ".
Quando si parla di "verbo" ci riferiamo alla *parola*, ma prima della *parola* ossia il *Verbo*,c'è l'idea latente non ancora manifesta del Creatore Infinito, la sua Coscienza.

Potremmo definire **l'indefinibile,** senza preamboli o pretenziosità, *Energia-vibrazione-suono, ove il suono è ricondotto al Verbo.Per rendere l'idea, come per la chitarra, s'imprime una forza( energia ) che produce una vibrazione, originando il suono ( Verbo) e la relativa condizione terrena come idea dell'espressione manifesta del Tutto:__il Creatore Infinito.__*

L'IO SONO è quieto ad aspettarci che gli permettiamo di manifestarsi, rimettendosi alla volontà della sua creazione ( umanità) che lo accolga e si riconosca nel Creatore Infinito come sua espressione. Del resto nulla avrebbe potuto impedire al Creatore Infinito stesso di manifestare la sua interezza espressiva nell'uomo, ma che senso avrebbe avuto? Giungere sul pianeta per cosa? Per narcisismo? Invece è proprio mediante l'Amore che si giunge all'Amore, al Creatore Infinito, mediante L'IO SONO: *è solo così che il Verbo diventa carne.*

L'Amore è senza imposizioni, condizioni, fini, è completamente spontaneo e lo si trova dentro di sé, differentemente dal *sentimento* che si prova per una persona, animale o altro, poiché esso è condizionato. *Spesso e nella stragrande maggioranza si ama per essere amati, e non si ama per amare...*

Quello che è accaduto per le tre principali religioni monoteiste (cattolico-cristiana, ebraica, islamica) è stato di separare il Creatore dalla sua creazione. Del resto nei libri ritenuti sacri non vi è l'espressione del Creatore Infinito, ma quella di uomini che hanno scritto regolamenti e leggi per l'uomo, prediligendo la figura maschile a quella femminile, per sopprimere la Generatrice Cosmica, il Femmineo. L'uomo pensa che il Dio delle religioni, il Signore, sia maschile, come il Padre menzionato da Gesù. Il Cristo non avrebbe mai detto il Padre, ma il Padre-Madre del Tutto, per via dei due elementi comparativi che vigono nel Creatore Infinito, il Maschile e Femminile,  che vigono anche in noi.

Il Cristo è Coscienza, è la mente della Coscienza, la Coscienza non sa forse che il femminile e il maschile provengono dal Creatore stesso ?

Una delle più potenti preghiere che ci separano dal Creatore Infinito è il **<u>"Padre Nostro"</u>,** che ci indica e impone di pregare un qualcosa che è fuori di noi... che vuole essere implorato, adorato...chi è in realtà questa potente Entità che necessita delle nostre energie?

Così allo stesso modo per i musulmani, che si prostrano, in segno di sottomissione e adorazione per Allah... chi vuole questa energia?

Le risposte le sapete già se avete capito il senso di questo libro, ma ammesso che il Dio ( *e ora sapete che cosa e chi è Dio* ) delle religioni sia il Creatore Infinito... <u>il Tutto,</u> il Tutto avrebbe bisogno di essere adorato, pregato, e voler energia ?

L'energia non proviene dunque dal Creatore stesso ?

Riuscite a capire lo scopo delle religioni, dei dogmi, delle dottrine, atte a dividerci e separarci dal Creatore Infinito ?

Può sembrarvi strano ma le religioni sono dei potenti inibitori di Coscienza che parlano di Dio ma non del Creatore Infinito. Sono stati proprio i primi illuminati a sapere e a capire che per controllare l'uomo bisognava creare un Dio, che dettava leggi e regolamenti, esattamente come fanno oggi i vari Governi con le popolazioni:castighi, ire, piaghe... Dio reagiva così dinanzi a coloro che non ascoltavano i suoi profeti, poiché Dio comunicava solo con essi.

Possibile che nessuno abbia mai pensato che fossero i profeti stessi ad architettare tutto ciò ?

Chi ha il potere può essere "profeta" ha la capacità di prevedere eventi poiché è nelle sue potenzialità di provocare catastrofi. Tutto è in suo potere, come la crisi creata per inibire le coscienze e le rispettive menti...l'esito è di tenerci incatenati e imprigionati. Le catene e le prigioni sono invisibili proprio per non destare sospetti, dandoci l'illusione di essere liberi.

In realtà siamo un mezzo veicolante, per esprimere la Coscienza, che attraverso di noi sperimenta se stessa, al fine di conoscersi sempre più, per giungere alla sua identità.

# Conclusioni

Con questo capitolo termina il libro, cerchiamo di riepilogare il suo contenuto.

L'uomo ha difficoltà nel credere realmente in Dio ( IO SONO ). Alcuni si rimettono a cosa viene proposto dalla religione d'appartenenza, inculcata come programma per le scuole; altri non credono in nulla. La risposta è perché l'uomo vive con *una mente lineare, essendo prettamente materialista e razionalista.*

Tutto è stato studiato per controllare l'uomo e la sua energia, sottraendogliela, perché ci sono Entità che vivono di tale energia per sostenersi.

Comprendo la vostra titubanza e scetticismo, ma possiamo semplificare con un dato di fatto inconfutabile : " *l'uomo si nutre di esseri che chiama animali, ritenendoli fonte di cibo, fonte di sopravvivenza per la sua vita.*

*Comunque sia sono esseri che nascono, crescono, terminano la loro esistenza prematuramente perché l'uomo contribuisce alla loro soppressione con la pretesa di cibarsene".*

Come non riusciamo a vedere negli animali, esseri a noi simili di cui ci nutriamo, così non riusciamo a vedere le Entità che si nutrono di noi. Questo accade attraverso l'uomo che si nutre di animali: l'energia vitale degli stessi serve per alimentare le forze oscure che traggono da questo il loro sostentamento.

Chiedetevi perché sin dalla notte dei tempi ci sono stati miliardi di cadaveri, con guerre, pestilenze, carestie... proprio per sostenere Entità.

Si può spezzare questo ciclo che perdura da millenni?

Intanto precisiamo che un cadavere non può essere fonte di cibo ma resta sempre un cadavere, non si tratta di retorica o etica ma di realtà che non si vuole accettare, pur di continuare nella propria convinzione. Capite che le convinzioni annebbiano le menti, già di per sé ridotte a mere programmazioni mentali.

Chi si nutre di morte, si nutre di **"non amore"**, **facendo** ammalare il proprio fisico, il proprio corpo eterico e provocando la destituzione della propria anima, per permettere alle Entità di approvvigionarsi anche della nostra energia.

Dunque vi chiederete perché non si crede in Dio, ossia in se stessi, nella reale natura, nel nostro IO interiore...appunto perché usiamo la mente lineare e non la mente olistica. L'uomo è portato a credere ai propri sensi, strutturando la propria esistenza solo in base a quello che vede... e come dargli torto: Dio non si vede ! Ora assieme constateremo che l'uomo è a conoscenza di cose invisibili e della loro esistenza.

L'energia è invisibile agli occhi umani ma esiste, l'aria è invisibile agli occhi umani ma esiste, il magnetismo è invisibile ma esiste, le frequenze sono invisibili ma esistono, l'attrazione è invisibile ma esiste... come potete notare sono invisibili ma esistono perché possono essere sperimentate attraverso la materia e **il materialismo,** e sono incontrovertibili, poiché l'uomo può vederle applicate.

Ora Dio risulta invisibile semplicemente perché non viene applicato, come puoi vedere qualcosa di inapplicabile ?

Eppure esistono elementi invisibili...cosa impedisce di vedere Dio ?

Tu...l'impedimento sei te, l'applicazione sei te, se non vuoi applicarla non vedrai mai Dio. Hai il dono del libero arbitrio, Dio rispetta la tua scelta, D-IO il tuo Essere, l'IO SONO.

Sei il mezzo applicabile attraverso il quale Dio esiste, sei Dio, se rinunci alle indicazioni del tuo contenitore strutturato da programmazioni mentali. Il cervello e la mente sono la sede mediante la quale interagisci con il dentro e il fuori di te. Solo con una mente olistica ci si può risvegliare dall'oblio di se stessi. Forse non vi è chiara una realtà che è sconcertante: *l'uomo è un girovago, è una forza lavoro e fonte di Energia. Il pianeta Terra è il Limbo descritto da Dante nella Divina Commedia. Entità di altri piani esistenziali hanno dato il potere a una manciata di uomini, in cambio delle energie vitali degli altri uomini e degli animali! Tutto ha un equilibrio, il quale se non rispettato innesca delle conseguenze: ad ogni azione corrisponde una reazione.I piatti della bilancia se pendono da un lato o dall'altro. apportano disequilibri di polarità essendo in una esistenza dualistica. L'uomo è ignaro della sua situazione, accettando le menzogne e rifiutando la verità, quella verità che risiede in tutti noi.*

Il dato di fatto che l'uomo si cibi di morte ha una **triplice** funzione a suo discapito: alimentare le Entità con le energie vitali delle vittime, alimentare le Entità con la sua energia psico-animica... e ammalarsi. Ci si ammala quando ci si nutre di morte e cibi spazzatura.

L'umanità è morta, sono zombie, morti che camminano dentro un inferno, fatto

di *sofferenza, sangue, malattie,*
*guerre,omicidi,distruzioni,odio,*
*indifferenza...VI RENDETE CONTO O*
*NO CHE RISPECCHIA LA GEENNA DI*
*CUI PARLO' CRISTO ?*
Ogni qualvolta il Cristo o la Coscienza
Cristica è scesa nel limbo Terra, si sono
verificate sempre guerre... vedasi con
Krishna, Yauhshua, Buddah, che hanno
ostacolato l'espandersi della Coscienza
Cristica. Il nostro piano esistenziale è in
mano a delle Entità che sfruttano
l'uomo. Per poterne uscire è sufficiente
applicare gli insegnamenti del
Cristo...ma anche questi sono stati
travisati e manipolati per trarne da essi
ulteriore sostentamento.
Il Cristo è Coscienza, è la mente di Dio,
le nostre menti sono controllate e rese
lineari di proposito da codeste Entità, e
sapete perché ? Loro non sono energia e
siccome si sono distaccate dal Creatore
Infinito, traggono energia da noi umani
che siamo parte infinitesimale del
Creatore Infinito.
L'uomo crede di essere un corpo fisico,
con i suoi organi, con una mente e a

malapena crede di avere un'anima.Si rapporta con i sensi fisici che tra l'altro sono devastati e resi insufficientemente utilizzabili.

Siamo ben altro che un corpo fisico, quello che l'uomo non riesce a vedere è dovuto alla sua non cristallizzazione, è un pezzo di vetro che può diventare un diamante in cui si rifrange, come un prisma ,la luce del Creatore Infinito. Come in natura tutto è **trino,** così anche l'uomo lo è. Se prendiamo una pesca, questa è composta dalla buccia, dalla polpa e dal nocciolo. Sono passaggi che non vediamo, come il baco, la crisalide e farfalla... così è per il corpo, l'anima e spirito.

Siamo costituiti da più corpi sottili che non riusciamo a percepire, perché il corpo grossolano è devastato e privato delle sue potenzialità.

Per esempio, tutti credono che i pensieri risiedono nel cervello, ma in realtà sono nel **corpo eterico.** Il cervello è solo un elaboratore di dati che elabora ed esegue una serie di programmazioni mentali. Non esiste pensiero nel cervello.Quello che sentiamo nella nostra mente è solo un conglomerato di dati e concetti inerenti ai programmi mentali. Siamo programmati sin dalla nascita per <u>non pensare,</u> ma dialogare secondo le programmazioni, avendo spesso difficoltà comunicative con i nostri simili, per via delle convinzioni e condizionamenti , ossia dell'imprinting dei programmi stessi, un circolo vizioso in cui ciò che riteniamo *"pensiero"*è solo un'elaborazione mentale su cui sorge e si struttura lo stesso.

 Il vero pensiero è creazione e non ragionamento ed elaborazione. Il pensiero essendo elementale del corpo eterico , fluttua e si espande nell'etere, ove influisce sull'etere stesso essendo suo veicolo.

Ora quello che accade nei cervelli umani e ciò  che si ritiene pensiero, influisce nell'etere creando realtà indotte dalle programmazioni mentali e condizionamenti del sistema. In parole spicciole, grazie ai nostri cervelli , creiamo condizioni che non vorremmo, perché ignari di tali meccanismi.

Ora se qualcuno volesse sentire Dio, come potrebbe farlo se non scardina in se stesso le programmazioni della sua mente ? E vi assicuro che Dio non forza nessuno. Colui che volesse sentirlo attuerà prima una sua pulizia, resettandosi. Quello che Dio ha fatto è installare in noi una scintilla divina, ma il compito di alimentarla per rinvigorirla è assolutamente nostro.

Dio lo si cerca con l'Amore incondizionato e non con la mente intasata da strutture e sovrastrutture mentali, tutti siamo Dio se solo lo vogliamo.

La volontà è tutto nella vita, **ma la tua volontà...** e non la volontà dovuta allo scegliere un qualcosa, una situazione o circostanza.

*Concludo nel rammentarvi che siamo giunti sul pianeta per sperimentare il nostro Sé Superiore e non per essere sperimentati e usati da altri piani di esistenza che tengono l'uomo come fonte di energia per il loro sostentamento.*

*Ave Anime in cammino! Che il vostro cammino sia illuminato dalla vostra luce interiore, per giungere donde siamo nati, apportando al nostro Essere un'ulteriore conoscenza di se stesso.*

# INDICE